I Like to Visit/Me gusta visitar

The Zoo/ El zoológico

Jacqueline Laks Gorman

Reading consultant/Consultora de lectura:
Susan Nations, M. Ed.,
author, literacy coach, consultant/
autora, tutora de alfabetización, consultora

WR WEEKLY READER
EARLY LEARNING LIBRARY

Please visit our web site at: www.garethstevens.com
For a free color catalog describing Weekly Reader® Early Learning Library's list
of high-quality books, call 1-877-445-5824 (USA) or 1-800-387-3178 (Canada).
Weekly Reader® Early Learning Library's fax: (414) 336-0164.

Library of Congress Cataloging-in-Publication Data available upon request from publisher.
Fax (414) 336-0157 for the attention of the Publishing Records Department.

ISBN 0-8368-4600-1 (lib. bdg.)
ISBN 0-8368-4607-9 (softcover)

This edition first published in 2005 by
Weekly Reader® Early Learning Library
A Member of the WRC Media Family of Companies
330 West Olive Street, Suite 100
Milwaukee, WI 53212 USA

Art direction: Tammy West
Editor: JoAnn Early Macken
Cover design and page layout: Kami Strunsee
Picture research: Diane Laska-Swanke
Translators: Tatiana Acosta and Guillermo Gutiérrez

Picture credits: Cover, pp. 5, 7, 9, 13, 15, 17, 19, 21 Gregg Andersen; p. 11 © James P. Rowan

Printed in the United States of America

3 4 5 6 7 8 9 10 09 08 07 06

Note to Educators and Parents

Reading is such an exciting adventure for young children! They are beginning to integrate their oral language skills with written language. To encourage children along the path to early literacy, books must be colorful, engaging, and interesting; they should invite the young reader to explore both the print and the pictures.

I Like to Visit is a new series designed to help children read about familiar and exciting places. Each book explores a different place that kids like to visit and describes what a visitor can see and do there.

Each book is specially designed to support the young reader in the reading process. The familiar topics are appealing to young children and invite them to read — and re-read — again and again. The full-color photographs and enhanced text further support the student during the reading process.

In addition to serving as wonderful picture books in schools, libraries, homes, and other places where children learn to love reading, these books are specifically intended to be read within an instructional guided reading group. This small group setting allows beginning readers to work with a fluent adult model as they make meaning from the text. After children develop fluency with the text and content, the book can be read independently. Children and adults alike will find these books supportive, engaging, and fun!

— Susan Nations, M.Ed., author/literacy coach/reading consultant

Nota para los educadores y los padres

¡Leer es una aventura tan emocionante para los niños pequeños! A esta edad están comenzando a integrar su manejo del lenguaje oral con el lenguaje escrito. Para animar a los niños en el camino de la lectura incipiente, los libros deben ser coloridos, estimulantes e interesantes; deben invitar a los jóvenes lectores a explorar la letra impresa y las ilustraciones.

Me gusta visitar es una nueva colección diseñada para que los niños lean textos sobre lugares familiares y emocionantes. Cada libro explora un lugar diferente que a los niños les gustaría visitar, y describe lo que se puede ver y hacer en cada sitio.

Cada libro está especialmente diseñado para ayudar a los jóvenes lectores en el proceso de lectura. Los temas familiares llaman la atención de los niños y los invitan a leer —y releer— una y otra vez. Las fotografías a todo color y el tamaño de la letra ayudan aún más al estudiante en el proceso de lectura.

Además de servir como maravillosos libros ilustrados en escuelas, bibliotecas, hogares y otros lugares donde los niños aprenden a amar la lectura, estos libros han sido especialmente concebidos para ser leídos en un grupo de lectura guiada. Este contexto permite que los lectores incipientes trabajen con un adulto que domina la lectura mientras van determinando el significado del texto. Una vez que los niños dominan el texto y el contenido, el libro puede ser leído de manera independiente. ¡Estos libros les resultarán útiles, estimulantes y divertidos a niños y a adultos por igual!

— Susan Nations, M.Ed., autora/tutora de alfabetización/consultora de desarrollo de la lectura

I like to visit the zoo. I like to watch the monkeys at the zoo. The monkeys run and play.

- - - - - - -

Me gusta visitar el zoológico. Me gusta mirar los monos del zoológico. Los monos corren y juegan.

I can see gorillas at the zoo. A gorilla is bigger than a monkey.

En el zoológico puedo ver gorilas. Los gorilas son más grandes que los monos.

I can see lions, too. The lions are sleepy. They rest on the rocks.

- - - - - - -

También puedo ver leones. Los leones tienen sueño y descansan sobre las rocas.

I can see snakes at the zoo. A snake curls up on a branch.

- - - - - - -

En el zoológico puedo ver serpientes. Una serpiente se enrolla en una rama.

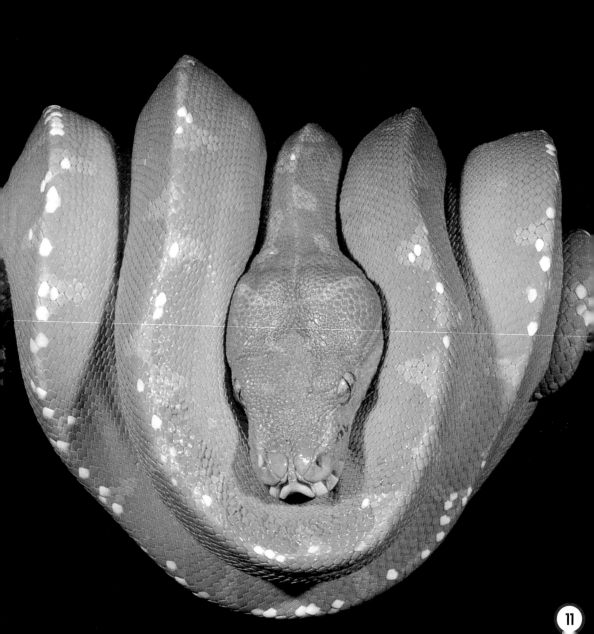

I can see bears at the zoo. Polar bears are the biggest, strongest bears. A polar bear swims in the water.

— — — — — — —

En el zoológico puedo ver osos. Los osos polares son los osos más grandes y fuertes. Un oso polar nada en el agua.

I like to see hippos at the zoo.
Hippos are huge! A hippo
wades in the water.

- - - - - - -

Me gusta ver a los hipopótamos
en el zoológico. ¡Son enormes!
Un hipopótamo chapotea en
el agua.

I like to see sea lions, too.
A sea lion dives into the water.

\- \- \- \- \- \- \-

También me gusta ver los leones
marinos. Un león marino se lanza
al agua.

I like to go to the petting zoo.
I like to pet the goats.

- - - - - - -

Me gusta ir a los zoológicos donde
se puede acariciar a los animales.
Me gusta tocar las cabras.

I like to see the giraffes, too. Which animals do you like to see?

－ － － － － － －

También me gusta ver a las jirafas. ¿A ti qué animales te gusta ver?

Glossary

gorillas — large members of the ape family

hippos — (hippopotamuses) large African mammals with short legs and thick skin that live in or near water

monkeys — furry mammals that look like small apes, have hands and feet, and can climb and grasp objects

petting zoo — a place where children can pet and feed farm animals and other gentle animals

sea lions — large sea mammals that have thick fur and big flippers

Glosario

gorilas — animales grandes de la familia de los simios

hipopótamos — mamíferos africanos de gran tamaño, de piernas cortas y piel gruesa, que viven dentro o cerca del agua

leones marinos — mamíferos de gran tamaño que tienen un pelaje grueso y aletas grandes

monos — mamíferos peludos que parecen simios pequeños, tienen manos y pies y pueden trepar y agarrar objetos

zoológico donde se puede acariciar a los animales — lugares donde los niños pueden tocar y dar de comer a animales de granja y a otros animales amistosos

For More Information/Más información

Books
Monkeys. Animals I See at the Zoo (series). JoAnn Early Macken (Weekly Reader Early Learning Library)
Our Class Took a Trip to the Zoo. Shirley Neitzel (Greenwillow Books)

Libros
Bears/Los Osos. Animals I See At The Zoo/Animales que veo en el zoológico. JoAnn Early Macken (Weekly Reader Early Learning Library)
El hipopótamo. Animales del zoológico. Patricia Whitehouse (Heinemann)

Web Sites
National Zoo
nationalzoo.si.edu/default.cfm
Pictures of the animals at the National Zoo in Washington, D.C.

Páginas Web
El zoológico electrónico
www.damisela.com/zoo/
Información sobre los animales del zoológico

Index

índice

About the Author

Jacqueline Laks Gorman is a writer and editor. She grew up in New York City and began her career working on encyclopedias and other reference books. Since then, she has worked on many different kinds of books and written several children's books. She lives with her husband, David, and children, Colin and Caitlin, in DeKalb, Illinois. They all like to visit many kinds of places.

Información sobre la autora

Jacqueline Laks Gorman trabaja como escritora y editora. Jacqueline creció en la ciudad de Nueva York y comenzó su carrera trabajando en enciclopedias y otros libros de referencia. Desde entonces, ha trabajado en distintos tipos de libros y ha escrito varios libros para niños. Jacqueline vive con su esposo, David, y sus hijos, Colin y Caitlin, en DeKalb, Illinois. A toda la familia le gusta visitar distintos lugares.